질문의 시작

잉어등시인선 01 홍준표 시집

질문의 시작

인쇄 | 2024년 12월 5일
발행 | 2024년 12월 10일

글쓴이 | 홍준표
펴낸이 | 박윤배
펴낸곳 | 잉어등
       42933 대구시 달성군 가창면 가창로 1103번지 2층
       대표전화 (010)9187-1044
       팩시밀리 (053)767-1044
       등록일 | 2023년 7월 17일
       등록번호 | 제2023-000009호
       이-메일 | rudnfvksghk@hanmail.net
책임편집 | 박윤배
교   열 | 심수자

ⓒ 홍준표, 2024, Printed in Korea
저자와 협의하여 인지를 생략합니다.

ISBN 979-11-984135-8-1 03810

값 12,000원

*이 책의 판권은 저작권자와 잉어등에 있습니다.
*이 책 내용의 전부 또는 일부를 재이용하려면 양측의 동의를 받아야 합니다.

잉어둥시인선 01

질문의 시작

홍준표 시집

잉어둥

自序

다툼 속에 뒤집힌 내 신발
장례식장에서 본다

오른 굽도 왼 굽도
삐딱하게 닳아 있다

그러니까 내가 걸어온 길은
불편한 좌 편향이자 심각한 우 편향

눈매 사나운 누구도
바꿔 신고 달아나지 않은…

이제부터는
덜 닳은 안쪽을 비워야
할 듯

– 自詩 「마모, 삐딱한」 부분

2024년 겨울
홍준표

차례

• 自序

1

활불活佛 ___ 12
달빛 ___ 13
종결어미 ___ 14
질문의 시작 ___ 15
가을 거처 ___ 16
가지치기 ___ 17
세 번째 목요일 오후 여섯 시 ___ 18
나를 조문하다 ___ 20
동상이몽 ___ 21
보이스 피싱 ___ 22
미션 임파서블 ___ 23
답장, 어색하지 않은 ___ 24
연 ___ 25
불안한 외출 ___ 26
진화의 트랙 ___ 27
달성보 둘레길 ___ 28
종점 ___ 29
아직도 기슭 ___ 30
둥긂을 품다 ___ 31
너도 상사화 ___ 32

2

가을 연애 ___ 34
올리브 나무 ___ 35
밀애 ___ 36
봄날 ___ 38
삼월 부고 ___ 39
들불 ___ 40
스팸 메일 ___ 41
은빛 연애 ___ 42
돌 던지기 ___ 43
가을 구도 ___ 44
집착·2 ___ 45
집착·3 ___ 46
약풀 ___ 47
당신의 마음 ___ 48
하늘 두레박 ___ 49
연애의 정석 ___ 50
꽃잎 편지 ___ 52
꽃잎의 이력 ___ 53
여름 반란 ___ 54
네모의 번지 ___ 56

3

투정이 서툴러서 ___ 58
마중 ___ 59
우연의 숲 ___ 60
속풀이 ___ 61
매니큐어 시그널 ___ 62
로즈마리 ___ 63
달랑, 김치 하나 두고 ___ 64
천리향 ___ 65
길눈 ___ 66
출항의 꿈 ___ 67
건망꽃 ___ 68
헛꿈 ___ 69
날달걀에 핏줄 서듯 ___ 70
버팀목 ___ 72
인생 ___ 74
홍시처럼 ___ 75
안락의 저편 ___ 76
고진감래 ___ 77
어설픈 정박 ___ 78
율도 ___ 80

4

   잠깐 피정 ___ 82
   고민퇴치법 ___ 84
   풍경을 찍다 ___ 86
   허술한 밥상 ___ 88
   마지막 성장통 ___ 89
   부활의 구간 ___ 90
   아하즈의 해시계 ___ 92
   인공눈물 ___ 94
   순응과 저항의 사이에서 ___ 96
   대략 난감 ___ 98
   산꽃 ___ 99
   낭만과 착각, 그 사이 ___ 100
   숨겨둔 고백 ___ 101
   대프리카 ___ 102
   횡단보도 ___ 103
   공감 ___ 104
   잔불 바라보기 ___ 105
   응시 ___ 106
   편파방송 ___ 108
   용두골 식당 ___ 110

| 해설 |
삶의 다의성多意性과 거룩한 통속성通俗性의 시학_유종인 111

1

활불活佛

천만년도 더 넘게 말없이 답을 내려고
산은 한 자리에서 오줌 누고 똥도 눈다

천만 근 넘는 수덕 쌓고 있는
저기 저 산
어어, 지난 꿈에 뵌 노장 같아 가까이 다가섰더니
산은 산이 아니라 하신다

그럼, 산이 아니면 그간 답으로 내린 죽은 말[言]인가

투덜투덜 돌아서는 내 등 뒤로
슬그머니 네가 산이라 이르신다

뿌리로 바위 감싸는 수령 깊은 소나무가
돌 틈 풀꽃에게 하는 말도
다르지 않았다

달빛

거미줄에 걸린 달빛 묻은 줄 무덤

제 죽을 줄 모르고 곤두박질치는
어두운 곳에서 빛을 찾아온 벌레들

굴곡진 달빛이 또 출렁인다

빠져나가려는 바쁜 날갯짓에
숨길은 더 빨리 가빠지고

달아난 것들은 다시 잡히지 않으려 멀리 도망치고
생을 마감할 거처를 마땅히 찾지 못한 것들만
윙윙, 분주하게 무리를 이루고

생명의 질서인 듯 내려놓는 긴장이
눈 밝은 허공에 걸린다

Hodie Mihi, Gras Tibi

숨어 관망하다가
앞발을 디미는 거미는
사는 것은 언제나 별거 맞다고 한다

종결어미

내 마지막 숨결은

들숨일까, 새벽을 마시는
날숨일까, 어스름을 뒤적이는

승화된 빛이든
퇴적된 어둠이든

살아온 날들 모두 다
통속적이라 해도
나름은 거룩한 것

어느 쪽을 구분 지어
들어 올리기도
내려놓기도 버거워

떨리는

붓끝

질문의 시작

길의 끝이 찍힌 사진 속에
작은 한 사람이 들어왔다

풍경 속의 한 식구가 되고서부터
우연의 점 하나가 된 그가
억새밭 따라 걸어오며
바람의 목소리로 말을 걸어온다

난 그리던 꿈으로 떠날 참인데
그 사람은
이제 집으로 돌아오는 길이라고 했다

움직이는 길과 움직이지 않는 길
사이를 오가며 점으로 온 그 사람은
뜻 다른 말을 들려준다

떠나는 듯 돌아오는 점과
돌아오는 듯 떠나고 마는 점의 자리

둘인 듯 하나인 이야기를 가지고 사는 우리는
가물가물 멀어져 가는 사연들을
슬쩍, 줌의 거리에 둔다

가을 거처

속살 맑은 알몸으로 태어나
만나고 헤어지고 부둥켜안다가
떠날 길 들어서는 가을 자리

옷 벗어 던지는 갈참나무 앞에서
발자국 떼던 바람이 머뭇거린다

가지 끝 맺힌 마음도 옅어지는
강보 속 도토리도 굴러떨어지는 자리

고단했던 성가심은 이렇게 내려놓는 것

추락의 무게가 마른 풀등을 치기 전
하얀 공중에 마지막 쓰는 편지는
그 자리 내내 평안하시길

선한 얼굴로 그늘을 걸어 온 시간이
머물 자리 찾아 이리저리
돌 틈 모서리라도 굴러가려 한다

다른 문 열치며 떠나는 사람에게
갈참나무 가지는
주름진 손 흔들어 주고

가지치기

자라는 대로 자라는 가지고 싶었는데
다짜고짜 전기톱을 디밀어요

세상이 바라는 건 천편일률
남보다 키 좀 컸다고 싹둑 잘라버려야 한대요

톱날 소리 윙윙 울려오던 그저께부터
내뱉을 수 없는 불덩이가 뭉쳐지고 있었어요

꿈의 공중 날마다 밟아 오르고 싶은데
늘어진 고압선 아래 거기까지만
내 영역이라 하네요

시선 한번 끌겠다고 입술 요란 떠는 걸로 보이나요?
뭐라고요, 엉덩이 뿔난 송아지라고요?

무던한 것일수록 오래 남는다고
팔다리 더는 흔들지 말라고 하네요

아직도 시대의 그늘에 묻어가는 당신은
그럼 얼마나 행복한가요

세 번째 목요일 오후 여섯 시

아직은 쓸만한 어린 벗들
삼목 오후 여섯 시에 모여
흩어지는 기억을 되살리는 놀이에 신이 났다

이쯤에서 나는 무얼 말할까

종영은 추어탕 한 그릇 뚝딱 비우고 밤 직장에 나갔다
서교는 얼마 전 잘라낸 위와 섭생을
이창은 두 번째 치른 혼사에 감사 인사를 했다
남수는 목청 좋게 부른 가을 노래를
영노는 백내장이 생기기 시작했다 하고
건용은 건재한 걸음으로 몽블랑 트레킹 경험을 소개한다

눈 동글동글한 아이들이 육십 년 후의 이야기를 했다

개발새발 쓰던 연필 대신, 연장 들고 일한 땀도
금 긋는 책상 대신, 좌충우돌 정치도 조용히 가라앉을 때

이제 또 우리는 무얼 들을 수 있을까

누구 키가 더 컸는지, 누가 글씨를 잘 썼는지

개구쟁이 짓 어느 녀석이 심했는지
아직도 일이십 년 코 묻은 아이로 지낼 수 있을까

꿈 대신 추억이 자리 잡아
마침내 추억마저 비워져 희미해질 테지만
예전의 아이들은 쌍화차에 센빼이 과자 먹으며
미도다방 소파에 기대어 기념사진을 찍는다

손가락 작은 하트는
새롭게 떠오르는 오늘의 기억이기도 했으므로

나를 조문하다

감아야 할 눈이 감기지 않는 것은
봐야 할 걸 못 봤든지
못 볼 걸 너무 오래 보았다는 거다

글 없는 경전을 담장으로 두고도
옳네, 그르네
시시콜콜 머리채 잡기도 했으니
마지막 숨 내려놓은 후에도
눈꺼풀은 얼마나 무거웠을까

흰 지팡이 짚은 사람이
지하철 한가운데를 비집고 다가와
빈 플라스틱 바구니 내밀 때도
난 마냥 무심한 척했던 거지

눈은 비록 보이지 않았어도
그대 손은 내 표정을 읽었을 거야

후회가 댕그렁 친다, 눈 뜨고 죽은 물고기를

보인다, 떠야 할 눈 감아버린
아나율의 부끄러움이

동상이몽

꿈의 바닥에 낀 그림자에도 선명해지라고
그들은 꽃의 설계도를 탁자에 올려놓았다

탁자 위에 남겨진 호두알은 Y와 K의 서먹한 간극에서 꿀렁거리다 굴러떨어져 금이 간다. 꿈이 밝아질수록 어두워지는 눈앞, 높이 조절 못 한 꿈이 떠올리는 뇌사, 제각기 내민 계산서를 보며 호두알은 고분고분한 것들이 못마땅하다. 나는 서먹한 K가 되었다가 또한 막역한 Y가 되었다가. 꿈이 잘못되었나 꽃이 잘못되었나. 마주 앉아 있어도 벙글거리던 꽃병의 꽃은 예나 지금이나 꿈을 믿은 게 잘못이지, 뒷머리 띵한 웃음으로 채워도 허전한 빈틈 자꾸 채우려 든다. 그대로인 것은 바닥에서 천장까지의 높이, 꽃병이 꽃을 지배한다고 믿는 데는 자라기를 멈춘 꽃이 놓여 있기 때문

어디론가 자꾸만 굴러가고 싶어 하던 호두알은
틀을 버리려다 머리가 깨어졌다

보이스피싱

두류공원 옆길
오방색 헝겊에 묶여 있는
마른 대나무가
혀 짧은 말을 건다
병명은 몰라도 병은 고친다 했다
수정보살은

흩트리고 모으는 한 줌 쌀로
어두운 하늘을
체질하듯 걸러낸다

투명을 찌르던 대나무로
끙끙 앓던 고민을
먹구름인 듯 쓸어낸다

미션 임파서블

스릴을 찾아 들어간 극장
관람석 앞자리 키 큰 머리가
스크린을 가려
좌우로 고개 돌려야 했다

줄 타는 주인공 톰 크루즈를
갸우뚱거리며 보다가
클라이맥스를 그만 놓쳐 버렸다

내 앉은키를 탓하는데
뒤에서 물오르던 인기척 한 쌍은
대숲처럼 쑥쑥 자라났다

어둠이 제격인 극장 안에
내 흰 머리가 너무 환해서
발동하는 연애 본능이 불편했었나?

뒤통수가 슬슬 가려워진다

답장, 어색하지 않은

어색을 풀어볼 기회다 싶어서
친구 창의 오늘에 생일이라고 뜨는 그에게
톡을 보냈다

싱싱한 아침입니다
꽃 좋은데 곡차 한잔 어떻습니까?
아울러 기쁜 날 축하드립니다

답톡이 왔다

감사합니다. 꽃 열심히 즐기시고 술 끊기로 했으니, 계시는 그곳에서
  노시던 대로 노세요

어쩔까, 놀던 대로 놀아야 하나

다시 태어나는 기분으로

연

두류공원 한 바퀴 돌아오는데
연못의 연들 갓끈 떨어졌다

한때 공중을 휘젓던 춤사위들
바람을 거스르다 지쳤는지
꺾인 허리 즐비하다

사랑도 미움도
대출한 도서인 양 반납하고
점점 잦아지는 까마귀 울음에서
말 타고 포 쏘던 전장을
옛 장수는 복기한다

갈 데는 많은데 오라는 곳 없어
껄끄럽던 목청
한 옥타브 아래 곤두박질치고 보니

백련의 꽃잎들
드러누워 말라가는 연습 중이다

불안한 외출

남은 배터리 23%가
소리 없이 비워져 가고 있다

반응 없는 애인들과 통화하고
추파 문자 보내고, 신상 명세 검색하다 보니
남은 시간 아찔해졌다

채운 욕심, 남은 욕심
살피지 않고 나선 길
충전할 그늘 모서리 없어
석양 아래 발길은 이래저래 불안하다

쓸데없는 전화가 걸려 오면 어쩌나
걸러내어야 할 통화에
들여다보는 잔여 시간 23%

방전의 끝에도
돌아가야 할 그 집까지
허둥대고야 말 23%

진화의 트랙

바닥 내리치고도
풀리지 않는 의문의 빗줄기가
바지 밑단을 잡는다

멈추려 해도 멈추지 못하는 비

돌던 운동장 몇 바퀴째인지를
나 자꾸 까먹는데
플라타너스 잎에 머물던 큰 물방울이
이마를 탁탁 친다

두 발등에 내리던
비 그쳤는가 싶었는데
어디가 시작인지 어디가 끝인지

잃어버린 내 우매를
죽비인 듯 일깨운다

달성보 둘레길

만 오천 보 넘어가니, 발걸음이 축 처진다

풀린 내 종아리에 풀들의 말초신경이 닿는다

무관심한 척, 하다가 예민하기는…,
슬그머니 일으켜 세우는 저 등뼈들

저들끼리 뭉쳐 억세게 사는 쑥의 덤불이 있고
노란 꽃으로 거리를 가늠하는 민들레 군락도 있다

조율된 내 걸음도 그랬다
더워지면 내뱉고, 추워지면 움츠리고

사납게 굴다가 다른 기세에 눌렸을 때
꼬리 감추는 맹견의 습성처럼
가부좌로 앉았던 돌덩이들이
둑 아래로 툭툭 굴러떨어진다

불뚝거리다가도
저절로 다 풀죽고 말았다

종점

늦저녁 참새 한 마리
문 앞 복도에
들어와 있다

느슨한 날갯짓이다

손등 내어 주어도
자부는 눈꺼풀

네가 있을 곳 아닌데 싶어
손안에 가두어
퍼드덕 날린다

떠난다, 마지막 버스처럼

그제야 화들짝
어머니 생각은
시동이 켜지고

아직도 기슭

얽힌 뿌리로 사잇길을 나무가 걷는다

오가는 사람들 틈을 비집고 걷는다

길이 사라져도 나무가 사람이 되어 걷는다

나무들 사이 사람도 나무 자세로 서 있다

사람이 나무가 되고 싶은가 보다

그래서 나무도 사람이 되고 싶었던가 보다

우두커니 서 있던 사람은 제 혼자 나무를 닮고
길 잃을 리도, 길 버릴 리도 없는 나무는
제 자리가 좋다며 버티고 있다

앞만 보고 기어 다니던 사람은 걷던 길을 잃어버리고
아래로 내리는 적당한 욕망을 되돌아보며
걷지 않아도 걸을 수 있는 나무는
나무여서 좋다

사람 사이를 걷는 나무는 사람의 길을 알고 걸을까

훑어보는 걸로 다 만족하지 못해
이참에 그냥 걸어보는 거라 했다

둥긂을 품다

물풀 푸석푸석 삭아가는 호수는
잡음 많은 엘피 음반이다

매자골 가파른 길이나
돌아서 가는 달비골 굽은 길이나
모두 호수의 중심에 이르면
봄날처럼 아늑해진다

물소리에 길 생겨날 어제나 오늘이나
느릿한 걸음이어야
거미 가둔 풀숲 볼 수 있지

내 그림자와 산 그림자 사이
물의 숨소리에 기울이는 귀
몸 바삐 걷던 아내 숨결도
낮달처럼 고요해지고

어쭙잖은 미련과 두려움마저
능수버들 아래 내려놓는다
긴 앞발 들어 올린 무당거미는

컴컴해지는 호수를 물빛으로
둥글게 얽고 있다

너도 상사화

부러질 듯한 꽃대 위에
달랑 얹어두는 지나간 웃음들

가는 허리 선화의 얼굴도
꽃 놓치고 만 그리움이라 치자

촘촘해진 풀밭 사이 불쑥불쑥
떼 지어 솟는 연분홍
그건 한참 가뭄 끝에 내린
비가 피운 꽃 상사相思

뭉치면 화려한 과시지만
헤집어 보면 내숭이다

그리움 불 질러 놓은 선화도
아마 지금쯤 어디선가
불쑥! 내 생각, 하지 싶다

2

가을 연애

열 살을 줄이고도
놓쳐 버린
매끈 붕어

뜨거운 커피
성급히 마시다가 데인
입천장에

미늘 하나
달아둘까

올리브 나무

노릴 먹이도 없는데

눈 푸른 독수리 떼
붉은 흙을 눈빛으로 다지며
날개 반쯤 펼치고
가지 위에 앉아 있다

떠난 사랑
돌아오길 바라지만
애써 기다리지는 않는다

한번 떠난 사랑은
쉬 돌아오지 않을 걸 알기에

우묵한 눈자위 깊어져 간다

밀애

등산길 외진 계곡 풀쩍 건너자
내 눈길 마주치지 않으려는
한 남자와 한 여자

여기까지 사람이 올까 싶었던지
얼른 떠나주길 바라는지

벌써부터 함께 있었던 듯
떨떠름한 표정은
떨어지기 싫어하는 검녹색 고백으로
바위벽에 찰싹 붙은 돌이끼를
한 줄로 찍어댄다

흐릿해도 가지런한 음각으로

 사
  랑
   해

으스러져 떨어진 이끼
금줄 넘은 부끄러움의 부스러기들

〉
그들이 급히 감추려 들었던 것은
간절함에는 우열이 없다는 것

머리로는 안 된다, 흔들면서도
나보다 외진 개울은
고개 돌리는 속도가 빨랐다

봄날

메말랐던 가지 끝
여린 마음
매달아 둔다

볕 짙어지는
바위틈
당신 땜에

어쩌다 하고 만
파르르
고백

달아오른
연분홍도
어쩔 줄 몰라 한다

삼월 부고

화분에 물 주는데
겨울 견딘 꽃잎들
흩날린다

꽃 핀 지 며칠째인지
헤아려 보는데
남은 꽃 또 하나 슬쩍
마저 떨어진다

초록은 그대로
화분도 어제 그 자리
꽃잎만 떨어진다

그는 떠나고 없어도
검은 띠 두른
액자 속 얼굴은

아직도 살빛 해맑다

들불

땅에, 꽃씨 떨구었더니
닫혀 있는 껍질이
열린다

피는 얼굴 아슴아슴하다

얼어 있던 서랍 속 아지랑이가
단숨에 폭발한다

그대에게 주려고
꽁꽁 싸매어 두었던 마음

활활 지천에 옮겨붙는다

스팸 메일

메일 보내려고 컴퓨터를 여는데
스팸 함에 편지가 스물다섯이나 쌓였다

도대체 어떤 전갈이 들었을까

덮어놓고 지우다가 궁금해 다시 열어보는데
지은이, 소진이, 수경이, 지숙이, 유빈이
날 좀 봐 달라고 오빠를 부른다

미국 FDA 정품 국내 최저가 가격파괴
세일되는 비아그라, 시알리스
후불제로 제품부터 먼저 받아보시라는

연식 높은 오빠 걔들 만날 때
푸르게 보이라는 솔깃한 권유다

제목 없음이 들려주는 숨소리에
독 오른 송곳니가 불끈한다

못 본 척 넘기는 오늘의 뒤가 가렵다

은빛 연애

시퍼렇게 울렁거리는 수심에
잠자고 있는 은빛 세계는 어떠할까?

밀물 드는 밤바다에 가면
갈피 못 잡던 그대 마음도
성깔 급한 갈치처럼, 떠오르겠지

겉옷자락 파르르 떨다 다시 잠기는
은빛 날개, 이럴 때 나는
유혹의 끈을 어디에서 찾아야 할까

깊은 속 툭툭 건드리다 말고
반짝반짝 사라지곤 하는
잘 세운 칼날 같은 그대

나, 어떻게 구슬러야 하나

길고 가는 그늘에도 팽팽해지는
도어刀魚, 그 푸른 그리움
당겨 올려 달빛에 비춰본다

돌 던지기

손기름에 반들반들해진 호주머니
미움이 한가득 있었던 거겠지요

내가 돌멩이 던져 쌓은 탑은
미친 사랑이 피운 꽃이기도 해
그녀 가슴 모서리 여러 번 찌르고 찔렀겠지요

만지작거리던 그리움을 던지다 보면
제 죄의 무게만 한 돌멩이는
분노하는 척, 눈을 이글거릴 테지요

구부러진 땅바닥에 손가락으로
어둠의 굴레를 벗기려 무언가를 썼다고
푸념하는 돌들 더 멀리 던져 버려요

고요해진 광장엔 꽃보다 죄가 더 무거워
스스로 멍든 꽃 슬그머니 내려놓으려 해요

사람들 한 걸음씩 뒷걸음질 칠 때
그녀 그림자 언저리 서성대는 나를 향해
무죄한 자, 먼저 사랑을 던져도 좋아요

가을 구도

팔 할의 잎을 내려놓은
가지 끝에
일념의 자리가
뻐끔하게 생겨났다

불타는 초가 한 채
말갛게 비워지더니
앙상함에 걸려있다

돌아갈 하늘 한 평 구해 달라
지르는 마른 고함에도
수수방관하던 나

맵찬 바람에 그대
타들어 가든 말든
눈 치켜뜬다

무념에 든다
성에 낀 바닥에
서러운 이마를 찧고

집착·2

발가락 다섯이
물 샐 틈 없이
붙었다

통해야 할 바람
제때 들이지 않고

떨어지지 않다가

발가락 사이
짓물렀다

집착·3

감자탕집 점심상에
들깻잎장아찌 올랐다

떼어지지 않는 틈새
젓가락질로 으르고 을러
들깻잎 씹는데

혀 위에선 겉도는 입과 잎

푸른 것들 찰싹 붙어 있더니

더 질겨졌다

약풀

모르면 잡초, 알면 약초
당신이 그렇다는 거다

어디에도 없다, 해 놓고 어디에도 있는
당신이니까

흔한 것들 속에 흔하게 섞여
잘 보이지도
소중해 보이지 않았던 거지

가을비에 씻겼다가
눈구덩이 속에 묻혔다가
기꺼이 드러내는 몸

흩어져 있든지, 모여 있든지
알면 잡초, 모르면 약초

당신이 그렇다는 거다

당신의 마음

분주한 쏠림 정어리 떼가
침상 머리맡에서
제 있던 곳으로 돌아가려
지느러미를 흔든다

언제쯤 매끈한 살결 바다 그가
나를 찾아오시려나

한류와 난류가 마주쳐
저 떼거리들 뒤섞이기를
멈춰야 할 텐데

하늘로 열려 있는 언덕길을
사랑으로 위장한 아픔 데리고 걸어간다

평온한 당신 마음에
흙먼지깨나 휘적휘적 날렸으니
이제부터라도
말수를 줄여야겠다

하늘 두레박

헬스클럽 올라가는 엘리베이터
닫히는 문 다시 쫙 열리자
새빨간 입술에 푹 파인 흰 티
가두어 둔 공 두 개 냉큼 올라탄다

놀란 고양이처럼 살랑 고개 흔들면서
제쳐 올리는 머리카락에 더 부풀어 오르는 공

구석 자리 꼬리 처진 중년 아저씨 눈도
덩달아 탱탱해지는 순간이다

미인인 듯, 미안한 듯 쳐다보는 내 얼굴에
그녀 얼굴 무단히 붉어졌다

잠시였지만 엄청 큰 공기가
쪼그라든 나를 탱탱 부풀린다

참 좋았다는 표정을 오래 감출 수 없던 나는
역기의 무게를 더 보탠다

급하게 떨어지던 엘리베이터도
그날 이후 재빨리 올라왔다

연애의 정석

모래바람 앞에 서면 난 당신에게 취하고 말아요

사람들은 나를 없다고 여겼지만
나는 언제든 가시밭길 고양이처럼 내밀하죠

있는데도 없다고 우기는 사람들 사이에서
나는 그냥 나대로의 존재인 걸요

모양을 가진다는 건 아주 소중한 것이에요
햇볕 쬐는 언덕이든, 그늘진 방 귀퉁이든
당신을 품으면 내 존재의 체온은 따뜻해지죠

기적 같은 사랑, 그딴 거 별건 줄 알아요?

체면 때문에 얼룩진 흙탕길도 난
발 빠뜨리지 않고 가벼이 나다닐 수 있어요

당신과 함께 하루를 기뻐하는 내겐
걷고 또 걷고, 먹고 또 먹고, 자고 또 자고
깨고 또 깨어나는 바쁜 기적이죠

〉
사람들은 나를 없다고 여기지만
사실은 체온을 가지고 당신께 다가가죠

물 위를 미끄러지는
여섯 발 소금쟁이처럼

꽃잎 편지

붓으로 드러내지 못할 아지랑이 문장에
뚝뚝 봄비가 떨어진다

벼르고 벼르기를 거듭하다가
꽃잎 지고 난 뒤에야 꺼낸
못난 종이는 번지거나 스미는데

떠난 손 받아줄 내 마음의 빈자리로
봄비 너는
다가설까, 말까 망설인다

그 무엇에게도 모서리는 두지 말아야 한다

꺾인 생강나무 속 앉혀 두었던
뭉툭했던 마음 꺼내어
등 돌리고 앉아 뾰족하게 깎는다

붓에 찔린 꽃잎
꿈틀거리는 소리 듣는다

꽃잎의 이력

널 처음 보았을 때
책장에 끼워두고 싶은 그런
꽃잎이거니 했다

물기마저 촉촉해서
기대 잔뜩 머금게 하다가
54페이지와 55페이지 사이에서
분홍으로 맑아지고 있다

바람 속 먼 길
천둥의 세월과 살랑거리다가
비루한 말 등에 올라
흘러가는 새털구름을 본다

나는 달려갈 하늘
투명한 꿈에 들떠 있는 사이
넌 더 이상 변하지 않는 색깔이다

맑아질 만큼 맑아지고 나면
미안한 세월조차도
바스러질 일만 남았다

여름 반란

바쁘게 살아 쭈글한 손의 주름살을
공중베틀에 얹는다

벅벅 질러대는 최후의 발작엔 막무가내
풀벌레들은 눈치도 코치도 없다

성냥갑 같은 아파트 좁은 동간은
반향을 반복하느라 시끄러워졌다

최대한의 노출로 다리를 꼬고 앉은
그녀의 체위는
유행병으로 번져가고

끌끌 차는 마른 혀에도
한 번 더 숨넘어가게 하는 여름이
해 넘어가도록 매미에게 더위를 짜게 했다

누구도 속지 않을 그따위 허세로
꾸덕꾸덕 말라가던 외설을

눈에서 귀로 접수한 나는
매미의 관심을 어디로든 옮겨 심어야 했다

바람이 더듬는 자귀나무 분홍 땀띠는
골짜기를 감추기에 급급하다

네모의 번지

검고 흰 사각 체크무늬 파자마에
흰 머리칼 삐죽 붙어 있다

하나도 아니고 줄줄이 붙어 있는
저 불편의 찌꺼기들
그만 보려는데 자꾸 눈길이 간다

감추려 해도 도무지 감춰지지 않는
층층 얹힌 비탈진 방에서
일그러진 얼굴을 본다

옛길과 새길의 경계에 심겨 있던
검은 머리칼은 히말라야시다 가로수인 듯
길 나선 한 사람 뒤를 따라간다

떼어내면 떼어낸 만큼
시간의 보풀도 함께 떨어질까 봐
어쩌지 못해 그냥 두기로 한다

한때 찰싹 붙어 애걸하던 사랑도
질리면 저리될 걸 알기에

3

투정이 서툴러서

제대로 피우지도 못한 꽃봉오리
못 본 척 내버려 두고
앞서 내달리지 말았어야 해요

신발 속 돌멩이는 그대로 둔 채
그대 두 손의 손사래에도
뒤처진 줄로만 알았던 난 너무 빨리 달렸어요

낮의 길은 잊어 버려야 한다며
구름말 타고 채찍질을 해댔어요

밤의 별은 여전히 떴다 가라앉지만
아차 싶어 지나온 걸음걸음들
새벽 언덕에 멈추고서야 내려다봅니다

뒤따라오는 당신 영혼의 그림자를
이제 나 기다려야 할 때입니다
몸부터 먼저 달려온 이쯤에서

마중

흐린 눈 비벼대다
만난 별
눈물조차 맵다

매연 뚫고 내리는 비에
유리창은 까칠까칠

하루가 고단한 등엔
빙빙 흐르는 진땀

비 뒤에 숨어
얼비친 하늘길 여는 별도
눈 어둡겠다

얼굴 맑게 씻은
별 만나러
오지로 가고 싶다

우연의 숲

가을은 혼자 서게 하는 시간의 분리막
나무들도 점차 몸집을 줄여나갔다

목적 없이 걷다 들어온 숲속
보았던 것들과 마지막 소통이 필요한데
나 말고는 아무도 없다

비켜서라는 바람에 외투 깃을 세워도
어깨 위 새털구름은 지워지지 않는다

언덕 위 떠 있던 구름의 꿈
그 꿈 가운데 머물러 있던 바퀴 자국
지나온 수레의 그늘이 왠지, 쓸쓸하다

기억을 물어온 까마귀 한 마리
자작나무 말고는 아무도 없는 이 숲에서
고독을 흔들어 깨운다

너무 오래 한곳에 머물렀음에
생각마저 하얗게 지우려다
꼿꼿해서 아픈 허리 푸르르 떤다

속풀이

다시 태어나도
같이 살겠냐는 질문에
TV 속 중년 아내
펄쩍! 뛴다

눈꺼풀 안에서 열리는 동공
미쳤어요? 또 살게?

내 꼬락서니 아는 나
눈치 보며 슬슬 문고리 당기는데
싱크대 앞에서 들려오는 목소리

당신은 우얄 끼고?

이쪽은 이쪽대로
저쪽은 저쪽대로

죄송하고 황송하다

매니큐어 시그널

샌들은 생글생글
발톱은 유독 빨갛다

볼품없던 둘째 발가락이 도드라졌다

언니는 하필 둘째 발톱에 매니큐어를 발랐수?

멀끔히 보던 이웃
의문을 던지고 갔다

발가락은 첫째보다 둘째가 더 길다고
아내는 대답 대신 살짝, 웃었다

잘해 봐야 늘 이등인 날
다독일 때 알아봤다

미운 나를 밉지 않게
덧바른 아내의 솜씨, 예술이다

로즈마리

바깥이나 내다보고 있으라고
베란다에 두었는데
바람이 살짝 건드렸는지, 나의 로즈마리는
오방색 띠를 두른다

제 앞가림하느라, 얼굴 없는 아들의 전화
날 더운데 그냥 쉬어라 해 놓고도
다시 보는 로즈마리

기다림의 냄새로
아파트 입구를 살핀다

마음에 없는 말도, 마음에 있는 말도
새끼줄 마디마다
오색 깃발 꽂아 둔다

썰렁한 그 자리는
맴돌다 가는 바람 자리

달랑, 김치 하나 두고

어스름 쑥국을
숟가락 들고 떠먹었다

제대로 맛 든
쓸쓸한 어둠이
아삭아삭 씹힐수록

외로움은 몰려오고

느릿느릿 웃는 당신은
쑥 짙은 향이 되어
목구멍을 넘는다

꿀꺽!
말라 있던 목이
아프다

천리향

꽃나무 심을 자리 생각지도 못한 내 손이
팔순 내외 갈퀴손에 들린
작은 묘목 천리향에게로 다가갔다

이 어린 것 키워 향기를 얻으려면
햇볕의 맨살을 만지게 하고
하늘에서 내린 비에게도
머리끝부터 발끝까지 적셔주어야 해

거저 얻어지는 건 없다네
긴 수고와 감내할 시간이 필요하지

매일매일 사랑을 나누어 주다 보면
천리만리 퍼져갈 기쁨도 얻을 걸세

꽃 붉은 동백도 마다하고
나, 내일에 멀리 갈 어린 향기를 샀다

팔순의 손톱을 기억하는 나무가
내 둥지로 이주해 왔다

향기를 긁는 등이 벌써, 시원하다

길눈

둘러 가는 게 싫다고 팽개친 길이
아스팔트 낡은 틈새를 쩍쩍 벌렸다

곧고 빠른 길에 피로해져
철 지난 기억의 길, 허락 없이 진입하려는데
무성해진 풀들이 일제히 머리를 든다

떠나 버릴 땐 언제고 왜 돌아온 거야!

이 길은 더 이상 네 길 아니니
팔다리 뭉개지 말고 예서 꺼지라며
발걸음을 가로막는다

여유 있는 바람에는 자리를 내어 주며
길 지키며 굽이굽이 사는 것들 앞에서
쫓기는 동안 잊고 지낸 길

세상 향한 욕망에 어두워진 눈
별수 없이 죄진 듯 고분고분해진다

길은 버려져 고독해진 지 오래다

출항의 꿈

눈비에 색 바랜 목선 한 척
펄 밖으로 밀려나서야 편안해졌다

개흙처럼 뭉그적거리는 숙변의 에피소드가
구름 일으킨 감각에 이르면
혼절한 사랑이 다시 깨어날까

굳어버린 타성과 꿈틀거리는 본성이
한 몸 안에서 끊어졌다 이어진다

더 먼 바다로 가기 위해 부력을 꿈꾼다
햇살에 머리를 빗는 오후
뒤늦은 출항 소식에 설레는 마음은

기별 없이 사라질 시간이 되어
몸 밖으로 썰물처럼 빠져나가고 있다

벗어나야 한다면서 벗어나기 싫었던 배는
버틸 만큼 버텼지만
둥둥 바다에 띄워줄 손길이 그립다

건망꽃

제발 불 좀 끄고 다니라는
희고 둥근 아내의 신신당부가
천장에 달로 떠 있다

외출에서 돌아와 문 여는 방에서
꾸덕꾸덕 매달려 말라가고 있다

비 그친 저녁 여섯 시 반
갓난쟁이 아무는 배꼽처럼 궁시렁
불 끄고 외투를 벗는다

넝쿨로 뻗다 뭉툭해진 종아리
좋은 것 다 허비하고
궁색해져 돌아왔구나

몸 어느 한 곳 스위치 없이도
등나무가 그랬던 것처럼
자줏빛 상상의 꽃등 하나로
허공을 밝힌다

헛꿈

떼 지어 이동하는 비 냄새에
개미의 턱, 허물어졌다

어이구, 매운 유혹 어쩔 수 없이 풍기는 마늘 냄새. 출처 모르는 루머가 수면 안대로 바짝 눈을 가린다

깨진 물단지 앞에 쪼그려 앉아 짜릿한 주둥이를 기다리다가 뒤로 넘어져 배꼽을 긁는다

그래도 처갓집 마늘밭에 루머가 진실이 되면 예정대로 비행기 날아오르기는 할까

등허리 배겨와 이불 걷어찬다는 게 설핏 든 아내 불안한 잠을 걷어챘다

밝아진 속옷 차림으로
빙글 돌아눕는 마늘밭의 마늘

앙칼진 짜증에 눈이 더 맵다

날달걀에 핏줄 서듯

배달된 달걀, 깨지 말고 잘 치워두라는
전화를 받다가 방바닥에서 미끄러졌다

왼쪽 팔꿈치는 왼편으로
오른쪽 무릎은 오른편으로
여지없이 통증에 처박혔다

들고 있던 알 깨뜨리지 않으려고
빳빳하게 세웠던 까칠한 목 뒷덜미가
대놓고 빈정거린다

비어가는 뼈 갈무리 못 하면서
무슨 마음 구멍 메운다고?
근래 들어 나자빠진 게 한두 번이 아닌데
글쎄, 왜 또 넘어지냐고?

그래도 머리통 금 가지 않은 건 얼마나 다행이냐고

연골막에 쌓인 꿈치의 시간들

어혈이 들어도
남은 길 잘 짚고 일어서라고

넝쿨처럼 건너오는 목청은
희미하나마 퉁명스럽다

버팀목

콘서트홀 매표창구, 찾아가지 않은 티켓이
내게로 왔다, 뜻밖에 만난 당신처럼

레미제라블, 버려진 허탈을 손에 쥔다

극이 펼쳐지면
슬픔 같잖은 슬픔까지 빵 조각에 얹혀
훔친 은촛대에서 스멀스멀 촛불이 피어오른다

툭 떨어지듯 다가온 어둠
편견의 밤을 이겨내야 할
생의 첫 막에서부터 죽음은 절름거린다

머릿속에서 막무가내 길어져 가는 그림자

그럴싸할 대개의 삶이란 해피엔딩이어야 하니까
누구에게나 사랑은 버팀목으로 남아야 해

그 많고 혼란한 세상의 몸짓 가운데

"코제트, 너 하나 보고 살았다"는 말 한마디가
공연 끝난 무대에서 집까지 따라왔다

이래도 저래도 허탈한 그대 생각에
새벽에도 염소 떠난 말뚝처럼
나 쉬 잠들지 못했다

인생

푸른 등
소 한 마리
외나무다리 건너간다

다리 아래
뜨고 지는 꿈

뒷다리가 가려워도
앞으로 간다

흰 콧김에
누웠던 산 그림자 벌떡
몸 일으킨다

홍시처럼

스치는 연한 바람에도
미련 없이, 툭
떨어지려면

정수리 뜨거운 땡볕도
기품 있게
참아내야 한다

덜 떨어진 풋것은
움켜쥔 손 놓지 않는다
거센 바람에도

저절로 떨어지려면
몸의 꼭지까지도
더 빨갛게, 더 물컹하게
달궈야 한다

안락의 저편

늦은 퇴근길
승용차 차창 밖 전깃줄에
새들 줄지어 앉아 있다

쿠션 좋은 의자에 앉아 있어도
왼쪽 내 옆구리는
송곳에 찔린 듯 쑤셔오는데

외줄 의자에 몸 걸친 새들은
노을 퍼진 바위벽 좌불처럼
꼼짝없는 자세다

균형 잡지 못한 하루를
붉은 신호등에 걸어두면
줄 밖은 언제나 아슬한 낭떠러지

또 건너야 할 길을
눈앞에 두고서도 하나같이
새들은 서두르지 않는다

고진감래

쓴냉이로 담근 김치
일곱 달 지나자
시큼해졌다

버릴까, 말까

쓴맛 위로 신맛은
기어이 찾아든다

떠오르는
초승달이
먹구름을
밀치고 있다

어설픈 정박

비바람 속 밧줄은
정박지 쇠말뚝을 꽉 물고 놓지 않는다

수레에 올라 방황하던 나도
이제 묶어 둔다

열흘 남짓 울던 매미가
전율의 흔적으로
허물만큼은 남겨둔 것처럼

암팡지게, 얼마간 더 붙어서
따가운 햇살 견딜 수 있을는지

감악산 꼭대기에서 본
줄지어 정돈된 꽃무리들
왜 내겐
어떤 감흥도 되지 못하는가

고작 열흘에 묶일 것을

나름 치열하게 살아 왔다 우기면서
몸 눕힐
억새밭 평지를
굽어보는가

율도

떠나보낸
꿈의 조각
다가가면
또다시
달아나는

이리저리 떠돌다가
막막한 가슴 안
파도 타고 찾아와
박히는

꿈, 그 망망한 환상이
그리움으로 일렁이다
멈추어 선 그곳

종기처럼
불쑥
솟는

4

잠깐 피정

혼신 다해 걸어온 시간들이
부질없다는 듯
여문 풀씨처럼 날아간다

뜬구름 제 갈 길 가게 두니
이리 편한 걸

장맛비 속 누구의 시선 없이도
제 타고난 심성대로
배롱꽃은 피고 지고

머릿속 바글바글 끓던 장구애비들
좁은 물구덩이 벗어났는지
보이지 않는다

비 갠 하늘 저리 맑으니
헐렁하게 앉은 내 물 위의 평상도
뜬 수초 뿌리 떠밀리지 않을
닻이 필요하다

〉
물거울에 비친 푸른 공중에는
고추잠자리 한 마리
두 마리, 세 마리

아, 또 한 마리

고민 퇴치법

코끼리를 어떻게 냉장고에 넣느냐고?

세상이 다 아는 방법, 그걸 몰라?

코딱지만 한 염려도 하지 마

먼저 냉장고 문을 연 다음
고민 중인 코끼리를 밀어 넣는다
그리곤 문을 닫는다

티라노사우루스의 고민도 집어넣을
최고의 가전회사가 우리나라에 있는데
왜 그런 고민해

쓸모 있는 냉장고가 제법 있다는 걸
고민 중인 코끼리는 좀 알았으면 해

언제 꺼낼 거냐고? 그것도 고민하지 마

바깥공기 고분고분해질 때까지
기다리면 되니까

〉
냉장고를 키울까? 몸집을 줄일까?

고민을 줄일까? 머리통을 키울까?

아니, 지금은 마음집 키울 때인 걸

풍경을 찍다

무표정이 당연한 듯
정지된 인물에겐 별 관심 없는
배경들

누구나 중앙을 고집하며 위치를 잡아도
산에선 들러리 나무들이
풍경의 주인공

멋모르는 것들은
이 큰 자연의 집에서도
사람이 중심이라 우기며 살아가겠지

그러니 날 샜지
사는 일이 재미없지, 허술하기 짝이 없지

난,
달 뜨면 하늘 오른쪽 여백 기꺼이 내어주고
완곡한 능선더러 왼 모퉁이 자리 잡으라 하고
들꽃에 매일매일 틈새마다 피어 달라

부탁도 하지

길어지던 산길 그러다 뚝 끊어져도
비켜선 작은 물길 따라
나 즐거이 첨벙첨벙 지나가지

허술한 밥상

세 번째 시집 허술한 반성을
지인에게 보냈더니
허술한 밥상 잘 받았다고
문자가 왔다

씹을수록 단맛 나는 씀바귀가
숨겨온 내 식성이라 했는데
쌀밥에 고깃국 얹어놓은
잘못 차린 밥상이었나?

오타로 빗댄 얼마간의 양식을
오독의 지인에게 들키고 말았다

하릴없이 단풍나무 흔들던 손이
거머쥔 숟가락은
따뜻했다

반성에 든 나도 이제는
붉어질 만큼 붉어졌으니
아름다운 추락을 고민해야 할
바로 그때인 것을

마지막 성장통

간절하게 소원하는 게 있으면
불쌍해 보일 때까지 빌어 보세요
그럼 누군가 찾아와 손잡아 줄지 모른다고
그분은 말했어요

누구에게나 수호천사가 있다는 걸
아직까지는 믿고 있어요

막혀 있던 하늘을 뻥 뚫으려면
몸의 끝자락 엿가락처럼 당겨야지요
어제보다 가벼워지려면
모근 속 머리카락까지도 풀어헤쳐야지요

스타일마저 포기한 채
바위 같은 단단한 규칙도
연기처럼 흘려보낼 때가 된 것이지요

당신께로 다가가는
희뿌연 빗줄기 너머의 길
한번 불어난 체중은 좀처럼 줄어들지 않죠

보이지 않던 길 하나 보이기 시작할 뿐

부활의 구간

새벽을 깨우자 까마귀가 덩달아 울었어요

여린 빛살 넘어서는 내 몸짓에
흠칫 내가 놀랐나 봐요

며칠 전부터 무뎌진 어둠을
닥치는 대로 족족 썰어버렸더니
잠자코 있던 욕망에서 볏짚 냄새가 났어요

한밤중 골목의 장미 향기 같은 성막의 영역
울음 잦은 이유를 몰랐던 나
겨울 논에 얼음기둥 박았답니다

형상도 질료도 없는 그곳엔
어두워서 더 밝아지는 것도 있다지요

묵혀 둔 근원을 잘라내야 비로소
사랑은 새로운 맛이 든다지요

여기서부터는 당신의 영역

〉
울던 까마귀 울음 뚝 그친 어둠 속
떠밀리듯 당신께 절어가는
내 마음을 다시 추슬러봐야겠어요

아하즈의 해시계

생각이 많아질 때면 도무지 잡히는 게 없습니다

정말 좋은 것들은 보기만 하는 거랍니다

사랑이든 목숨이든 다 그렇다나 봐요

제대로 가지 않는 시간들은 자주 고장을 일으키죠
생각은 늘 이분열하더라구요
하나가 둘이 되고 둘이 넷이 되고 넷이 여덟이 되죠

힘들게 잠자던 기억 속 생각들, 실금은 생겨나서
늦게 얻은 아픔 사이 거울이 비칩니다

거울 안에는 애써 가꾸던 소중한 나의 꽃밭이 남아
좌우 바꾸어가며 살라 합니다

필드를 향해 날아가던 작고 하얀 공은
두 손의 욕망을 기도 속으로 굴립니다

〉
제가 돌릴 수 있는 건 돌려놓을게요
아픔을 깨뜨려서라도 돌려놓을게요

제가 바라볼 수 있도록
열 칸 물린 해시계 그림자를 돌려주세요
히즈키야의 신음 들으신 그때처럼

인공눈물

꿈과 잠을 오가다가
눈을 뜨니, 눈곱이 어수선하게 끼었습니다

지난 하루 잘못 본 것들이 많았나 봅니다

그냥 버려도 못마땅한 것을
돌 틈에 쑤셔 박혀 뭉개진 담배꽁초
헛발질에 차이는 테이크아웃 아메리카노

지난 장마가 마른 나뭇가지에 걸어둔
삿대질과 뱉어놓은 욕지거리들

어제 본 이런 것들이
하늘과 땅 사이 눈썹에 뜸뜸이 붙어
눈 뜨기가 거북해졌나 봅니다

오른 눈도 불편하지만 왼 눈이 더 심합니다

손으로 떼다가 오히려 가려움이 더해 와서

난 얼른 세수를 해야 할 듯합니다

물 묻은 거울에 비친 눈 벌리고
인공눈물 몇 방울 짜 넣고 나서
다시 새날 볼 준비를 합니다

먼 하늘까지 맑아진 하루여서
날아가는 새 꽁지까지 보였으면 합니다

순응과 저항의 사이에서

7번 홀을 지나쳐 버린 공 거슬러 퍼팅하는데
제대로 뻗지 못한다

잔디의 저항에 발목이 묶였다

수없이 반복된 굴림의 결 따라
누워 사는 순응의 자세였는데
거꾸로 쳐올리는 역습에 남몰래 일으키던 몸
제대로 탄로 났다

시시때때 삶의 아픔을 박아대던 인내의 시간과
지나온 사건들…

작게 돋은 푸른 것들 힘 합쳐
제 몸 눌러대며 지나가는
억압의 옷자락 잡아당기는 걸 보며

생각한다
내 몸에 일어났던 저 같은 반응을

보이지 않게 움츠렸다 다시 펴는

한 시절의 반향은
위천 파크장 벌판에서 합성되어 되돌아오는
미세한 함성들

순응과 저항의 사이에서
나는 *끈끈해졌다*

대략 난감

산모퉁이 길
해묵은 나무 그늘에 묻혀 있는
작은 돌 하나

윤희 얼굴
혜숙 얼굴
길은 끝나 가는데
발가락이 아파도
내버리지 못하는 선화 이름

비웃는 까마귀도 없는데
툭툭 차며 내려왔다

걷어차다 아픈 발치 부끄러워
이리저리 들꽃
잔뜩 핀다

산꽃

길가의 꽃을 길 밖에서 걷게 하려고
두 발로 걷어찬다

있는 듯, 없는 듯한 꽃이
거기 그대로 있을 줄 알았다면
산중에서 뜰 앞에 데려와
흔들진 말았어야지

길 없는 길가에서 피어나는 널 두고
불평 없는 꽃이라며
팔 벌리고 퉁기던 춤사위를
나 오늘 산속으로 날려 보낸다

보잘것없는 외발 바람에도
걷어차여 속상해하던 너를
나, 용서의 눈빛으로
물끄러미 바라본다

낭만과 착각, 그 사이

탁자 옆 두 그루 나무는
은근히 야릇한 눈웃음을 치다가
식은땀 지우기에 바쁜 그늘로
카페 바닥을 이리저리 돌리고 있다

한쪽으로 더 많은 잎을 매달고
펄펄 움직이는 그림자가 우려내는 커피는
마그마의 맛이다

그녀 머릿결은 철없이 출렁출렁 날려서
아메리카노 한잔을 앞에 둔 나를
자꾸 설레게 한다

아내 몰래 두근대는 카페인을 마셨으니
식은 뿌리 끝 뜨거워질 때까지
시치미를 뚝 뗀다

철렁해도 쏟지 않는 뜨거운 수평이
사뿐사뿐 내게로 걸어온다

카페 주인 그녀 정신 번쩍 들도록
잔 하나, 탁! 내려놓는다

숨겨둔 고백

허기에 뜨끈한 밥 퍼 담아주는
무료 급식소가 있다

한 끼 언덕만 한 밥
하루가 목구멍 같아서
우겨넣고 꾹꾹 씹어 삼킨다

이따금 챙겨온 검은 봉지에
슬쩍슬쩍 한 숟갈씩 밀어 넣고
한참 더 들이는 틈

몸 아파 못 온 친구에게 주려는지
나중에 먹으려는지
깊어진 갈등에 걸음까지 어색하다

어떤 말로도 나무랄 수 없는
솔직한 몸의 고백을
주걱 든 자는 이해 못 해도
손안의 주걱은 이해한다

대프리카

하늘의 열 관리자가 파업에 이르렀다

밀고 당기던 협상도 결렬이다

48층 콘크리트 건물이 불볕더위에
삶긴 솥단지로 흐물흐물

뻣뻣한 목덜미
여리도록 삶아내는 게
삶이 아니던가!

사십 년 제자리인 돼지국밥집 안주인도, 나도
벌건 땀띠 솟아대는 등때기
어쩔 수 없다

오늘 점심은 재빨리 찬물에 헹군 국수에
얼음 몇 조각 던져 넣고
이리저리 비비는 중이다

횡단보도

급하게 채워야 할
얼룩말의 허기가
건너야 할 길을 가로막았다

바쁘게 건너가려는
사람의 욕심에
바닥의 갈비뼈는 쩍쩍 갈라졌다

그나마 남아 있던
군데군데 고깃살은
발길에 뭉개지고 있다

공감

걸어두고 말린 꽃이 바스러져
먼지가 되어갔다

보내준 시편들 읽다 보니
날 베끼는 듯한 낯선 눈총에
내 가슴은 멈칫한다

허락도 없이 남의 마음을 훔쳐보는
괘씸한 이, 머잖아 내 앞길도
손금 읽듯 보려 하겠네

창 활짝 열어 놓고
나도 너 허락 없이 골목길에서
소리 내어 시를 읽는다

온종일 읽은
낯설어 피고 지지 못하는
당신의 남은 생이
왜 내 가슴에 있는가

잔불 바라보기

가고 오는 것엔
순서가 없다 했지

사는 대로 살다가 나비며, 잠자리며
단지 노곤한 몸짓을
무서리에 내려놓을 뿐

주렁주렁 링거 줄에
몽롱한 분과 초를 걸었다 해도
몸짓은 제각각 다르다

불꽃에 매달려 흔들리면서도
한참을 더 타려는
욕망의 마지막 등불을 본다

암울한 예후에도
조금 더 살아달라는 희망으로
볼 부비는 살붙이들

남은 자의 슬픔
뭉그러뜨려 주지 못한
내 손톱 발톱은
끝까지 데리고 간다

응시

몹시 미웠지

바짓단 물고 늘어지던 그 짐승 불면이
어쩌다 꾼 꿈까지 따라와
나는 두려웠네

그런데도 그가 그랬었지
"나는 양이야, 참말이야"
"널 괴롭힐 생각이 없어"

그러던 그 짐승
간밤 폭우에 놀랐는지 종적을 감췄네

눈앞에서 사라져 다행이다, 했는데
어느 날 잃어버린 그 실체 찾아보라 하시네

그분까지 미워지네
도무지 찾기 싫은 그를 찾으라는 게 너무 싫네

그런데 그가 양이었다, 말하시네
"얼마나 순했는데 그래!"

"그 어린 게, 뿔이나 제대로 돋았겠어?"

사라진 그가 말하네
난 양이라고, 태생부터 정말 너의 양이야
그런데도 넌 내 작은 뿔을 밉게만 보고 있었지

그렇지만 밀어낼 수가 없네
더 깊이 숨기만 바랐던 그가 나인 걸 나만 몰랐네

나는 내 결점인 그가 지금도 밉네

편파방송

어깨 처진 벚나무가 막무가내 피워댄
꽃의 무게 아래, 냉이가 산다

길게 빼 올린 목덜미로
저도 꽃노래 따라 부를 수 있다고
콧노래를 흥얼거리고 있다

화려한 윗동네 유려한 입술들보다
변두리 길가에서 낮게 살아가는 이야기가
더 절실한 노래로 들릴 때
향기 그득 옮겨놓으며 지나는 발목들

작은 풀꽃들과 눈 맞추지도 못하는 입하
좋은 봄날 다 끝났다 떠드는 웅성거림으로
흙의 틈새를 뜨겁도록 벌린다

맹렬한 여름의 성향이 도졌나!
잔뜩 낮춘 팔다리로 그늘에 드러누워
꽃 피운 냉이의 자세는 편안하다

〉
또 다른 난청 지대로
안테나 세우러 가야 한다고
간지럽게 떨어지며 꽃잎이 남기는 말도
천干의 손 활짝 펼쳐 받아낸다

용두골 식당

고추장 떠낸 숟가락으로
보리밥 쓱쓱 문지른다

점점 예민해지는
콩나물 흰 허벅지

펑퍼짐 대접은
이리저리 붉어지고
시래기나물 감싼 온몸은
엎치락뒤치락

노릇하게 구워진 고등어
외면당할까
숨소리 거칠게
눈 희번덕거린다

해설
삶의 다의성多意性과 거룩한 통속성通俗性의 시학

유종인 | 시인, 평론가

 통속성popularity은 언어적 비속함vulgarism을 포함하는 일체의 세속적 문화 전반의 통속적 가치와 유행의 현상을 포함한다. 여기에 대한 가치 부여 여부는 인간의 다양한 선택에 기준점을 제공한다. 지구촌의 여러 삶의 편차와 가치관의 실물적 진행을 비롯한 다양한 문화적 토양도 통속conventionality의 광범위한 그리고 구체적인 진행의 궤적 속에서 발현된다.
 또한 통속성의 유무有無에 따라 여러 공동체나 기관의 정책적 수용의 여부, 그리고 개인의 취향이나 선호도에도 일정한 기준이나 준거로 작용하기도 한다. 한편으로 통속성의 가치나 범위를 들여다보면 소위 고급 클래스class나 상류문화 혹은 순수문학 같은 일정한 지향성을 가진 특정한 범위의 문화적 지형까지도 밑받침하는 토대가 되기도 한다. 그런 범박한 의미에서의 통속성은 다양하고 차별화된 여러 문화적 현상들도 무리 없이 포괄하는 아우라aura를 지니기도 한다. 통속의 범위는 소위 비통속적인 지향과 의미를 지닌 활동까지도 수용하고 지지하는 너른 기반과 확장성을 가졌다는 측면에서 모든 사람들의 존재 기반으로 기능한다. 그런 의미에서 우리가 통념상으로 거론하는 통속의 대상과 범위는 대단히 광범위한 것이어서 이를 단순히 혐오嫌惡의 감정만으로 가르고 판단하는 단순한 기준점으로 삼을 때는 나름의 편견과 오류가 작용할 수도 있다.

  홍준표 시인에게 있어 이런 통속적인 대상이나 현상들은 분별의 기준이나 배척의 준거準據라기보다는 그 자신의 존재의 지평을 성찰하는 삶의 불가피한 대상이나 오브제objet로 기능한다. 어쩌면 시인의 잠재된 통속적 포용의 기율 속에 탈속脫俗과 범애 같은 고매한 가치가 창출되는 계기가 진행되는지도 모른다. 야합과 천박한 술수와 저열한 이해득실만 횡행하는 것이 통속의 진면목이 아니라 그 너름새가 무량하고 웅숭깊을 수 있는 도처에서 우리는 존재의 선처善處를 궁구하는 언어를 얻는지도 모른다.

    천만년도 더 넘게 말없이 답을 내려고
    산은 한 자리에서 오줌 누고 똥도 눈다

    천만 근 넘는 수덕 쌓고 있는
    저기 저 산
    어어, 지난 꿈에 뵌 노장 같아 가까이 다가섰더니
    산은 산이 아니라 하신다
    그럼, 산이 아니면 그간 답으로 내린 죽은 말[言]인가

    투덜투덜 돌아서는 내 등 뒤로
    슬그머니 네가 산이라 이르신다

    뿌리로 바위 감싸는 수령 깊은 소나무가
    돌 틈 풀꽃에게 하는 말도
    다르지 않았다

                                —「활불活佛」 전부

실상 삶을 되새겨보면 통속과 탈속의 명확한 구분도 불분명하거니와 의도적인 구분조차 무의미하게 여겨질 수도 있다. 중요한 지점은 "천만 근 넘는 수덕 쌓고 있는/ 저기 저 산"처럼 존재의 모든 거처dwelling들이 다 "네가 산이라"이라고 칭하듯 번다한 분별을 지운 참 존재로 거듭남을 퉁기는 답答을 스스로 가질 때 의미는 확장된다. 이런 오래된 자연의 경치와 그 경치 속에 드리운 숨탄것들의 존재를 일깨우는 방편은 바로 즉자적卽自的인 자아ego를 나름 활성화하는 돈오頓悟적인 깨달음의 수렴에 있다. 이는 마치 통속이 통속에 그치는 한계가 아니라 탈속을 아우르는 지경을 펼쳐 보이는 너름새와 깊이에 있다. 즉 "뿌리로 바위 감싸는 수령 깊은 소나무가/ 돌 틈 풀꽃에게 하는 말"처럼 난처難處를 난경難經으로 전환하는 활달한 진척에 있다. 이 진척은 자연의 생명이나 경물에만 한정된 것이 아니라 오히려 우리네 세속의 모든 장삼이사 존재에게도 공히 적용되는 현황이라 할 수 있다. 그러기에 홍준표 시인이 언술하는 "활불" 즉 살아있는 부처의 의미는 특정 종교의 숭엄한 대상만을 한정하지 않고 모든 통속적 시공간에 처한 존재과 생명들을 일떠세우는 시적 소환召喚이라 함이 마땅할 듯하다.

　부박한 현실에 안주하는 것이 아닌 "투덜투덜 돌아서는 내"가 바로 다름 아닌 부처의 근경近境에 이르렀다는 무언의 메시지가 우리네 시공간을 둘러싼 자연의 그윽한 입말로 시인의 가슴에 들린다. 속됨과 성스러움이 다르지 않은데, 이는 단순한 관념의 차원으로 머물지 않고 세간에 머무는 모든 존재들이 깨쳐나가야 할 과정, 즉 삶이라는 도량에서의 실천적 수행이나 수양인 점수漸修의 형태로 비견될 수 있을 것이다. 그리하여 시편의 끝말이 "다르지 않았다"로 맺히는데 이는 범속한 표현이지만 의미심장意味深長한 결어結語가 아닐 수 없다. 이는 시적 맥락에서는 매우 유의미한 존재의 전환을 위한 다의성多義性으로 작용하기에 이른다. 여기서의 "다르지 않"음은 무조건적인 동일성이나 복제의 의미가 아니라 이질적인 것들과 세속적으로 구별된 것들이 일정한 깨달음의 지경에서의 분별을 벗은 반열의 의미를 지니는 뉘앙스를 가진다. 즉 활불活佛이 지닌 다의성 ambiguity은 세속적 규범의 굴레에 갇힌 것들조차도 또 다른 의미로 전이되고 기꺼이 확장될 수 있으며 존재로서는 궁극에 가까운 본질적 이데아에 가닿을 수 있다는 차원으로 읽힌다. 시인은 그런 세속적 존재들이 퉁긴 존재로의 전환적 모색search을 궁구하는 자체임을 "천만 근 넘는 수덕 쌓고 있는" 과정을 통해 헤아리는 존재이기도 하다.

> 아직은 쓸만한 어린 벗들
> 삼목 오후 여섯 시에 모여
> 흩어지는 기억을 되살리는 놀이에 신이 났다
>
> 이쯤에서 나는 무얼 말할까
>
> 종영은 추어탕 한 그릇 뚝딱 비우고 밤 직장에 나갔다
> 서교는 얼마 전 잘라낸 위와 섭생을
> 이창은 두 번째 치른 혼사에 감사 인사를 했다
> 남수는 목청 좋게 부른 가을 노래를
> 영노는 백내장이 생기기 시작했다 하고
> 건용은 건재한 걸음으로 몽블랑 트레킹 경험을 소개한다
>
> 눈 동글동글한 아이들이 육십 년 후의 이야기를 했다

개발새발 쓰던 연필 대신, 연장 들고 일한 땀도
금 긋는 책상 대신, 좌충우돌 정치도 조용히 가라앉을 때

이제 또 우리는 무얼 들을 수 있을까

누구 키가 더 컸는지, 누가 글씨를 잘 썼는지
개구쟁이 짓 어느 녀석이 심했는지
아직도 일이십 년 코 묻은 아이로 지낼 수 있을까

꿈 대신 추억이 자리 잡아
마침내 추억마저 비워져 희미해질 테지만
예전의 아이들은 쌍화차에 센빼이 과자 먹으며
미도다방 소파에 기대어 기념사진을 찍는다

손가락 작은 하트는
새롭게 떠오르는 오늘의 기억이기도 했으므로

—「세 번째 목요일 오후 여섯 시」전부

  삶의 동영상은 지금 "삼목 오후 여섯 시에 모여"서 현재를 조망의 시간을 지닌 존재의 순간으로 설정하고 "꿈 대신 추억이 자리 잡아"가는 옛일을 복기復碁하며 "예전의 아이들은 쌍화차에 센빼이 과자 먹으며/ 미도다방 소파에 기대어 기념사진을 찍"기도 한다. 연만한 나이에 이른 친구들이 구성지게 등장하는 이 시편의 여러 친구들이 보여주는 각자 삶의 편린들은 통속적이면서도 가장 소중한 자기 존재의 기념비적 현황이기도 하다. 그런데 여기서 주목할 만한 전언은 역시 이 무상한 일상적 삶의 한가운데서 "이쯤에서 나는 무얼 말할까"라는 살아온 과거에 대한 인상적인 소환의 대목과 "이제 또 우리는 무얼 들을 수 있을까"라는 미래에 대한 삶의 예측을 현재라는 시점

에서 "눈 동글동글한 아이들이 육십 년 후"의 화자로 등장한다는 설정에 있다.

아이와 어른과 노년이 하나의 자아ego 안에 시간의 격절隔絶을 넘어 시공간의 기억을 공유sharing하는 화자의 시선과 언어은 사뭇 입체적이고 통합적인 인생의 축도縮圖를 그려낸다. 되돌릴 수 없는 과거와 확정할 수 없는 미래 사이의 현재적 존재인 시인은 어쩌면 유한한 시간의 흐름을 나름 통합하는 언어적 중개자middleman인지도 모른다. 그런데 그 시간에 관한 언어적 중재와 통합의 당사자인 시인은 무엇보다 기억의 포인트에 주목함으로써 존재를 "말할 수 있"고 "들을 수 있"는 관계적 위상位相에 거치시킨다.

> 물풀 푸석푸석 삭아가는 호수는
> 잡음 많은 엘피 음반이다
>
> 매자골 가파른 길이나
> 돌아서 가는 달비골 굽은 길이나
> 모두 호수의 중심에 이르면
> 봄날처럼 아늑해진다
>
> 물소리에 길 생겨날 어제나 오늘이나
> 느릿한 걸음이어야
> 거미 가둔 풀숲 볼 수 있지
>
> 내 그림자와 산 그림자 사이
> 물의 숨소리에 기울이는 귀
> 몸 바삐 걷던 아내 숨결도
> 낮달처럼 고요해지고

어쭙잖은 미련과 두려움마저
능수버들 아래 내려놓는다
긴 앞발 들어 올린 무당거미는

컴컴해지는 호수를 물빛으로
둥글게 얽고 있다

—「둥긂을 품다」 전부

 여기 호수lake를 "엘피lp 음반"으로 보는 화자의 인상적인 비유의 감각이 우선한다. 비유analogy의 다각적인 측면으로 보더라도 나름 새뜻한 경물적景物的 해석의 시적 감각이라 할만하다. 거기에 더해 삶의 반동反動과도 같은 뉘앙스가 생물학적인 노화나 소멸에 대한 관념notion을 거스르듯 바라보는 순간이 주변 자연의 특징적인 한 장면을 통해 언뜻 떠올려지기도 한다. 물론 자연의 거대한 흐름 위에 놓인 모든 숨탄것들의 운명 자체를 거스를 수는 없는 일이다. 흔히 "물풀 푸석푸석 삭아가는 호수"의 가을 정경이나 느낌도 "매자골 가파른 길이나" 혹은 "달비골 굽은 길이" 호수에 이르러서는 가을의 쓸쓸한 정취를 되돌려 "봄날처럼 아늑해진" 또 다른 정취로 마주하고 발견해 내기에 이른다. 이는 단순히 기분상의 전환 때문일 수도 있지만 화자의 삶의 범박한 주변부에서 "느릿한 걸음"으로 주변을 그윽하게 살피고 추체험할 때 가능해지는 "낮달처럼 고요해진" 자기 발견self-discovery의 정황이라 할만하다.

 무엇보다 호수라고 하는 "물의 숨소리에 기울이는 귀"가 가진 자연의 이법理法과 순환circulation의 정서를 일상적으로 체득하는 감각적 수순은 이 시편의 동력과도 같다. 그런데 여기서 중요한 지점은 바로 이 '일상적으로' 일어나는 시인의 생활 주변에 대한 정서적 수용受容이 일어나는 시공간이 특별난 곳이 아니란 사실이다. 궁벽하거나 조악한 곳도 아니지만 유명 관광지나 명승은 아니란 사실에서 일상적인 시공space-time은 홍준표 시인에게 있어 통속적이면서도 가변적인 성소聖所이기도 하다. 성소란 위안과 구원 같은 영적 접선의 장소이기도 하지만 다른 한편으로는 일상적인 관념의 더께를 걷어내고 새로운 정신적 기율紀律이 들어차는 각성의 장소로 기능한다. 그러기에 화자는 서슴없이 "어쭙잖은 미련과 두려움마저" 내려놓을 수 있는 계기를 호수에서 갖는다. 일찍이 노담老聃이 설파한 "상선약수上善若水"의 고언이 실제 화자의 생활 인근에서 실제적인 감성의 풍물로 시적 감성을 도드라지게 이끌어낸다. 그리고 이 모든 물의 원융圓融의 이미지는 "둥긆"이라고 하는 자연의 순환론적인 모델을 따르고 있다는 점이 적확하게 부합된다 하겠다.

> 헬스클럽 올라가는 엘리베이터
> 닫히는 문 다시 쫙 열리자
> 새빨간 입술에 푹 파인 흰 티
> 가두어 둔 공 두 개 냉큼 올라탄다
>
> 놀란 고양이처럼 살랑 고개 흔들면서
> 제쳐 올리는 머리카락에 더 부풀어 오르는 공
>
> 구석 자리 꼬리 처진 중년 아저씨 눈도
> 덩달아 탱탱해지는 순간이다
>
> 미인인 듯, 미안한 듯 쳐다보는 내 얼굴에

그녀 얼굴 무단히 붉어졌다

잠시였지만 엄청 큰 공기가
쪼그라든 나를 탱탱 부풀린다

참 좋았다는 표정을 오래 감출 수 없던 나는
역기의 무게를 더 보탠다

급하게 떨어지던 엘리베이터도
그날 이후 재빨리 올라왔다

―「하늘 두레박」 전부

반응response과 실제reality라는 측면에서 우리의 몸은 늘 세속적 현실을 대변하기에 이른다. "새빨간 입술에 푹 파인 흰 티/ 가두어 둔 공 두 개"로 대변되는 성적 대상, 즉 성적 심볼 sex goddess과 마주쳤을 때 우리의 몸은 우리의 맘에 상당한 리비도libido의 수치를 이끌어낸다. "구석 자리 꼬리 처진 중년 아저씨 눈도/ 덩달아 탱탱해지고" 더불어 화자마저도 "엄청 큰 공기가 쪼그라든 나를 탱탱 부풀"리는 은근히 열띤 분위기를 자아낸다. 이는 감출 수 없는 생물학적인 반응이자 그 자체로 숨탄것들의 생물학적인 성적 징후symptom일 수도 있다. 여기에는 흔히 속된 욕망을 결부시키기도 하지만 생물의 본능은 성속聖俗의 구분 이전의 자연스러운 반응과 그에 따른 생물학적 메카니즘의 작용일 경우가 많다. 물론 그것을 어떻게 통제하고 이차적인 반응을 조리차할 것이냐는 또 다른 문제일 수는 있다.

그런데 시인은 이런 성적 대상과의 마주침을 단순히 성적 충

동에만 한정하지 않고 이것의 이차적인 활성活性으로 이끌어가려는 기미가 완연하다. 즉 "참 좋았다는 표정을 오래 감출 수 없던 나는/ 역기의 무게를 더 보"탬으로 인하여 자기 근력의 확충을 도모한다. 일시적인 충동이 일으킨 헤프닝일 수도 있지만 성sex이 창출하는 리비도의 전환은 분명 "쪼그라든 나를 탱탱 부풀"리는 모종의 활기活氣에 기여하게 한다. 이처럼 성관념性觀念은 어떻게 활성화하고 거기에 어떤 시각으로 관여하느냐에 따라 통속적 차원의 성관념sex_morale은 우리의 존재의 심리적 층위를 여러 형태로 업그레이드할 수 있음을 시사한다.

> 어스름 쑥국을
> 숟가락 들고 떠먹었다
>
> 제대로 맛 든
> 쓸쓸한 어둠이
> 아삭아삭 씹힐수록
> 외로움은 몰려오고
>
> 느릿느릿 웃는 당신은
> 쑥 짙은 향이 되어
> 목구멍을 넘는다
>
> 꿀꺽!
> 말라 있던 목이
> 아프다
>
> ―「달랑, 김치 하나 두고」 전부

세속世俗의 가치가 지니는 일상적 분위기는 번다하고 야박한 세상 물정만이 작용하는 것이 아닐지도 모른다. 화자는 고즈넉한 일상의 양태aspect를 이번 시집에서 다양하게 조망하는 경향을 띠는데, 특히나 의식주 중에 음식에 대한 세심한 감각과 인상적 눈길이 관심을 이끈다. "어스름 쑥국"이라는 구절은 그런 의미에서 음식과 마음의 관계를 하나로 번지듯 도드라지게 반영한다. 여기에는 단순히 "쑥국"이 지닌 음식으로서의 고유한 특성뿐 아니라 쑥국과 어울리는 심정적 분위기가 함께 곁들여지면서 세속적 존재의 "쓸쓸한 어둠"의 뉘앙스nuance도 함께 거느리는 정취를 자아낸다. 이는 "느릿느릿 웃는 당신은/ 쑥 짙은 향이 되"는 마음의 음식으로까지 전환되는 계기를 만든다.

소리와 공기와 음식물의 통로이자 언어의 분출구이기도 한 "목"은 때로 존재의 심연을 대변하는 하나의 감정의 부위area로 돌올해진다. 즉 "말라 있던 목이/ 아프다"는 언술은 단순한 신체적 증상을 넘어 시인의 일상적 감정의 기저基底가 어떠한가를 단적으로 드러낸다. 음식을 통해 감정의 일단을 그려내는 이 시편은 선적禪的 고요와 단출함이 머무는 탈속적 분위기만치나 세간의 일상에도 적념寂念에 이를 수 있는 하나의 분위기가 은연중에 번져 있음을 제시한다. 비록 "외로움"이라는 통속적 정감에 물들어 있지만 이는 곧 존재 내부를 들여다보는 하나의 포털portal의 구실을 하기도 한다.

> 제발 불 좀 끄고 다니라는
> 희고 둥근 아내의 신신당부가
> 천장에 달로 떠 있다
>
> 외출에서 돌아와 문 여는 방에서

꾸덕꾸덕 매달려 말라가고 있다

비 그친 저녁 여섯 시 반
갓난쟁이 아무는 배꼽처럼 궁시렁
불 끄고 외투를 벗는다

넝쿨로 뻗다 뭉툭해진 종아리
좋은 것 다 허비하고
궁색해져 돌아왔구나

몸 어느 한 곳 스위치 없이도
등나무가 그랬던 것처럼
자줏빛 상상의 꽃등 하나로
허공을 밝힌다

—「건망꽃」 전부

  삶의 도처에 자리하고 있는 소소한 불문율不文律이 때로는 일상적 자아에게 지청구를 하는 현실을 우리는 자주 겪게 된다. 그것은 다름 아닌 불 끄기의 생활화이다. 이 지극히 당연한 불문율이 화자에게는 하나의 위반의 여건으로 자리잡고 있다. 의도하지 않은 것들이 일으키는 위반의 정서엔 "갓난쟁이 아무는 배꼽처럼 궁시렁"댐이 어느 순간 자리 잡아간다. 재밌는 것은 외출할 때 껐어야 하는 전등을 "비 그친 저녁 여섯 시 반"에 귀가하여 "불 끄고 외투를 벗는" 반동反動의 상황을 연출하기에 이른다. 여기에 "좋은 것 다 허비하고/ 궁색해져 돌아"온 자신에 대한 쓸쓸한 반추가 함께 작용한다.

  일상이 지니는 통속성通俗性은 단순히 욕망하고 쟁취하는 열정적 소유와 경쟁만이 작용하지 않고 때로는 이렇게 궁색해짐과 허우룩해진 존재의 위상을 맞닥뜨리기도 한다. 거기에 세월에 탈각되듯 신체적 퇴화현상의 일종인 건망健忘의 증세를 호출한다. 의도하지는 않지만 무언가를 잃어가거나 잊어먹게 되는 것도 세속적 욕망과 소유욕과 대치되는 하나의 대조적인 현상으로 우리의 일상을 자연스럽게 지배한다. 그럼에도 불구하고 홍준표 시인은 이런 쓸쓸한 퇴조현상 속에서 하나의 반기를 들 듯 "자줏빛 상상의 꽃등 하나로/ 허공을 밝"히는 의지를 구현해 낸다. 그것은 결코 있음[有]에서 있음[有]을 만들어내는 게 아니라 망각 즉 없음[無]에서 있음[有]을 만들어내는 "상상"의 "스위치"를 켜기에 이른다. 이것은 바로 시인의 일상적 소명이자 통속의 비루함을 견디고 타개해 나가는 자기 발견의 기치가 아닐 수 없다.

> 허기에 뜨끈한 밥 퍼 담아주는
> 무료 급식소가 있다
>
> 한 끼 언덕만 한 밥
> 하루가 목구멍 같아서
> 우겨넣고 꾹꾹 씹어 삼킨다
>
> 이따금 챙겨온 검은 봉지에
> 슬쩍슬쩍 한 숟갈씩 밀어 넣고
> 한참 더 들이는 뜸
>
> 몸 아파 못 온 친구에게 주려는지
> 나중에 먹으려는지
> 깊어진 갈등에 걸음까지 어색하다
>
> 어떤 말로도 나무랄 수 없는

솔직한 몸의 고백을
주걱 든 자는 이해 못 해도
손안의 주걱은 이해한다

—「숨겨둔 고백」 전문

승속僧俗의 여부와 상관없이 음식은 우리 몸의 현재를 추동하는 몸의 외연外延과도 같다. 그런 음식을 향유하는 것과 연명하는 것은 분명한 차이가 있다. 더군다나 "무료 급식소"라면 사정은 더 측은하고 절박해지기 마련이다. "한 끼 언덕만 한 밥" 앞에 "하루가 목구멍"만 같은 경우일 때 그 끼니는 오히려 자기 구제와 함께 누군가의 한 끼니로 생각을 연장할 가능성을 지닌다. "챙겨온 검은 봉지에/ 슬쩍슬쩍 한 숟갈씩 밀어넣"는 이유도 다양한 각도에서 상상과 의미가 차려진다. 아마 "몸 아파 못 온 친구에게 주려는지/ 나중에 먹으려는지" 가늠하는 시인의 차분한 눈길은 왠지 통속의 눈물이 아니라 존재의 눈물로 그 내연內延이 확장되기에 이른다.

통속적 눈물의 사정이 존재의 심연으로 전이되는 과정엔 연민compassion과 동정 같은 처지處地의 동일화idetification라는 심리적 작용이 일어난다. 세속적 존재가 의미 있는 거룩함의 존재로 나아가는 과정 중의 하나는 이런 사적 공동체共同體의 관념이 생물학적으로 일어날 때부터 가능해진다. 이는 "어떤 말로도 나무랄 수 없는/ 솔직한 몸의 고백"을 누군가를 향해 지향할 때 생겨나는 실천적 공감empathy의 체위이자 거룩한 세속의 자세이기도 하다. 홍준표 시인은 이런 살아있음의 뭇 생명들을 향한 연대의 감정과 습습한 눈길을 가졌다는 점에서 공동체 의식의 습습한 정서를 시적 언어로 잘 추슬러낸다.

어제 본 이런 것들이
하늘과 땅 사이 눈썹에 뜸뜸이 붙어
눈 뜨기가 거북해졌나 봅니다

오른 눈도 불편하지만 왼 눈이 더 심합니다

손으로 떼다가 오히려 가려움이 더해 와서
난 얼른 세수를 해야 할 듯합니다

물 묻은 거울에 비친 눈 벌리고
인공눈물 몇 방울 짜 넣고 나서
다시 새날 볼 준비를 합니다

먼 하늘까지 맑아진 하루여서
날아가는 새 꽁지까지 보였으면 합니다

―「인공눈물」일부

  신체, 즉 몸에 일어나는 일상적인 증상들은 단순히 몸 그 자체의 변화된 현상이라고 보지 않고 지나간 시간 속에서 일어난 경험의 결과로 보기도 한다. 화자는 자신이 "어제 본 이런 것들"이 지닌 일상의 잔흔殘痕들과의 심리적 혹은 신체적 접촉에 따른 복합물複合物이자 반응물질reactant이 다름 아닌 "눈곱"이라고 진단하듯 명명命名하기에 이른다. 즉 이런 화자의 삶의 환경인 외부 세계와의 불가피한 접촉이 가져온 심리적 신체반응은 "가려움이 더해 와서/ 난 얼른 세수를 해야 할 듯" 하기도 하다.

  불가피한 현실의 소소한 관계적 상관물들을 해소해야 하는 처지나 입장을 화자는 부정적으로 회피하지는 않는다. 회피를 통해 타개될 일상의 불편함은 그리 많지 않을뿐더러 유예된 현실의 잉여분剩餘分은 해소되지 않은 채 존재 주변에 적체가 되기 십상이다. 그때 이런 번다한 현실의 문제를 타개하는 방식은 지극히 현실적이고 대증적對症的인 물리적 대처에서부터 시작된다. 다름 아닌 "인공눈물 몇 방울 짜 넣고 나서/ 다시 새날 볼 준비"를 하는 것이다. "인공눈물"로 상징되는 거북한 눈썹과 눈동자 증상의 치료제는 화자에게 있어서는 해결solution의 상징물과도 같다. 그리고 거치적거리는 방해물질을 걷어낸 다음에 "새날 볼 준비"를 열어가는 것, 그 준비의 자세는 통속적인 외부의 현실을 끌밋한 내면의 진정성으로 트여가고자 하는 일종의 세속적 각성awakening에 다름 아니다. 일상화된 혼돈의 현실을 돈오頓悟하고 생활 속의 실천으로 점수漸修해 나가는 방편은 "맑아진 하루"라는 영원의 쪽매를 획득하기에 이른다.

>산모퉁이 길
>해묵은 나무 그늘에 묻혀 있는
>작은 돌 하나
>
>윤희 얼굴
>혜숙 얼굴
>길은 끝나 가는데
>발가락이 아파도
>내버리지 못하는 선화 이름
>
>비웃는 까마귀도 없는데
>툭툭 차며 내려왔다
>
>걷어차다 아픈 발치 부끄러워
>이리저리 들꽃
>잔뜩 핀다
>
>　　　　　　　　　　—「대략 난감」 전부

비록 일상은 비루하기도 하고 어떤 비전이 툭 트이지 않는 통속적인 딜레마를 노정露呈하기도 한다. 하지만 홍준표 시인은 관념적 탈속의 가치에 경도되어 현실 속의 인간적 훈기薰氣를 포기하거나 도외시하지 않는다. 그것은 바로 다름 아닌 사람에 대한 본원적인 그리움과 연민 같은 존재의 온기warmth를 품고 있기 때문인지도 모른다. "해묵은 나무 그늘에 묻혀 있는/ 작은 돌 하나"에서도 정겨운 "윤희 얼굴/ 혜숙 얼굴"이나 "내버리지 못하는 선화 이름"을 이끌어내는 소박한 그리움의 정서를 소환한다.

돌이라고 하는 자연물을 통해 그리운 인물들을 불러내는 이 서정적 눈썰미는 소박하지만 끌밋하고 아름답다. 그렇게 "툭툭 차며 내려"온 그리운 돌들로 "아픈 발치 부끄러워" 오히려 "이리저리 들꽃/ 잔뜩 핀다"라고 하는 시인의 심정이 자연물로의 전이현상轉移現象은 그 자체로 아름다운 동화同化/ 童話의 이미지를 구현해 낸다.

> 내 마지막 숨결은
> 들숨일까, 새벽을 마시는
> 날숨일까, 어스름을 뒤적이는
>
> 승화된 빛이든
> 퇴적된 어둠이든
>
> 살아온 날들 모두 다
> 통속적이라 해도
> 나름은 거룩한 것
>
> 어느 쪽을 구분 지어
> 들어 올리기도

내려놓기도 버거워

　　떨리는
　　붓끝

                              ―「종결어미」 전부

　시인이 머물고 있는 현재는 승속僧俗을 떠나 그리고 가치 있음과 가치 없음을 떠나 "들숨일까"를 묻고 "날숨일까"를 재우쳐 묻는 삶의 현장 그 자체이다. 이는 그 삶의 지난할 수도 있는 과정 속에 "승화된 빛"과 "퇴적된 어둠"을 격절시키지 않고 통속적 상황을 하나로 품는 일이 현재를 사는 존재의 숙명fate과도 연결된다. 이러한 너름새 있는 자세는 현실의 굴곡을 부정적으로 왜곡하지 않고 찬찬히 시의 구경究竟을 여는 하나의 존재 조건으로 늡늡하게 받아들일 계제를 갖기에 이른다.

　홍준표에게 있어 이런 현실적 품성은 시인으로서의 자기 존재를 시학적詩學的 언어로 규명하는 존재론적 근거로 작용한다. 더군다나 "살아온 날들 모두 다/ 통속이라 해도/ 나름은 거룩한 것"이라는 체험적 진술epigram은 세상을 "구분 지어/ 들어 올리기도/ 내려놓기도 버거워" 하는 그의 거룩한 통속성通俗性을 떠받치는 일종의 균형감각으로 작용한다. 그러므로 시인이 바라보는 통속의 세상은 일방적인 비천한 통속성에 야합하지만은 않는 탈속적absence of vulgarity 가치를 함께 거느린다. 그런 의미에서 "떨리는/ 붓끝"은 갈등과 불안에 함몰된 존재의 망설임이 아니라 균형과 보편의 가치를 함께 염두에 둔 시인의 깨어있는 자세와 에스프리esprit를 선연하게 보여준다.